DES MOTS
de l'action!

Ellis Nadler

Traduction

Karine Leblanc

HURTUBISE

HMH

Pour Lucy

Note aux parents

DES MOTS, de l'action! un livre qui captivera les plus jeunes. En parcourant ce livre avec vos enfants, demandez-leur de montrer du doigt chacune des illustrations en marge, puis de les rechercher dans l'illustration principale. Lisez avec eux chaque mot à voix haute, ils pourront ainsi apprendre peu à peu tous ces mots de vocabulaire. La page d'activités est une bonne façon de les aider à acquérir les bases de la lecture, tout en s'amusant. N'oubliez pas de chercher Oscar, le vilain petit chat orange qui se cache dans les endroits les plus inattendus.

Direction éditoriale	Victoria Edgley
	Deborah Chancellor
Direction artistique	Susan St. Louis
Directrice de publication	Sarah Phillips
Supervision artistique	C. David Gillingwater
Conception grahique	Andrew Nash
Production	Ruth Cobb
Traduction	Karine Leblanc
Révision	Plume Moskovitz

Publié pour la première fois en 1998
par Dorling Kindersley Limited
9 Henrietta Street, London WC2E 8PS

Dépôt légal: B.N. Québec 3e trimestre 1998
B.N. Canada 3e trimestre 1998

Éditions Hurtubise HMH Ltée
1815, avenue De Lorimier
Montréal (Québec) Canada
H2K 3W6
Téléphone: (514) 523-1523
Télécopieur: (514) 523-9969

Données de catalogage avant publication
Nadler, Ellis
Des mots, de l'action!
Traduction de : **Busy Word Book**
Comprend un index.
Pour enfants de 2 à 6 ans.
ISBN 2-89428-309-1
1. Vocabulaire - Ouvrages pour la jeunesse. I. Titre.
PC2445.N3214 1998   j448,1   C98-940784-5

Reproduction couleur en Grande Bretagne par Dot Gradations Limited, Essex
Imprimé en Italie

Table des matières

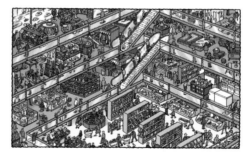

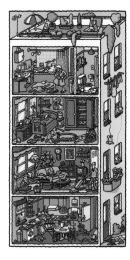 

L'aéroport

un gros porteur

un chariot
à bagages

un radar

le contrôleur
au sol

une piste

un hélicoptère

une passerelle

un aérogare

des valises

un hangar

des nuages

la gouverne de
profondeur

le poste
de pilotage

le nez
de l'avion

la queue de l'avion

une caméra vidéo

un hublot

un projecteur

un biplan

des jumelles

un drapeau

un aileron

un écran
de contrôle

un pilier

un bagagiste

4

un passeport

un monorail

un camion-citerne

un fourgon
de restauration

l'enregistrement

le pilote

le rotor
de queue

une base

un patin d'atterrissage

une tour
de contrôle

un casse-croûte

une hélice

un carrousel
à bagages

une sortie
une aile

un réacteur

soute à bagages

une manche
à air

un rail

une
rampe
d'accès

un taxi

deux
passagers

un autobus

une
voiture

un agent
de bord

5

La rue

une bouche
d'égout

un autobus

un lampadaire

une église

un parc

un arrêt d'autobus

un feu de
circulation

un café

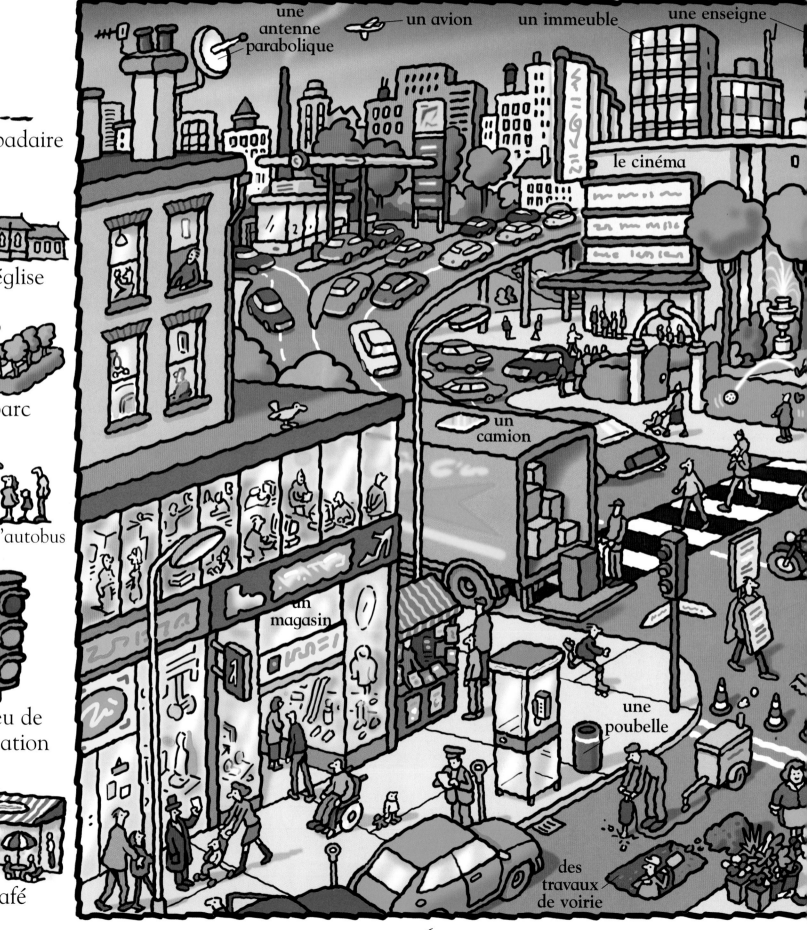

une
antenne
parabolique — un avion   un immeuble   une enseigne

le cinéma

un camion

un
magasin

une
poubelle

des
travaux
de voirie

un balayeur

un passage pour piétons

une voiture

un fauteuil roulant

un cône

le théâtre

une fenêtre

une cabine téléphonique

une station-service

une bicyclette

un tramway

les marches

une antenne

un messager

un étalage

une grille d'égout

un câble d'alimentation

un parasol

un parcomètre

un banc

Le grand magasin

le comptoir
à fromages

un vase

une balance

un tuyau
d'incendie

des pains

un étalage
de fruits

un fer
à repasser

la
caisse

des
sacs

un
panier

une file
d'attente

des pots à fleurs

des boîtes
de conserves

un four
à micro-ondes

un arrosoir

un chariot

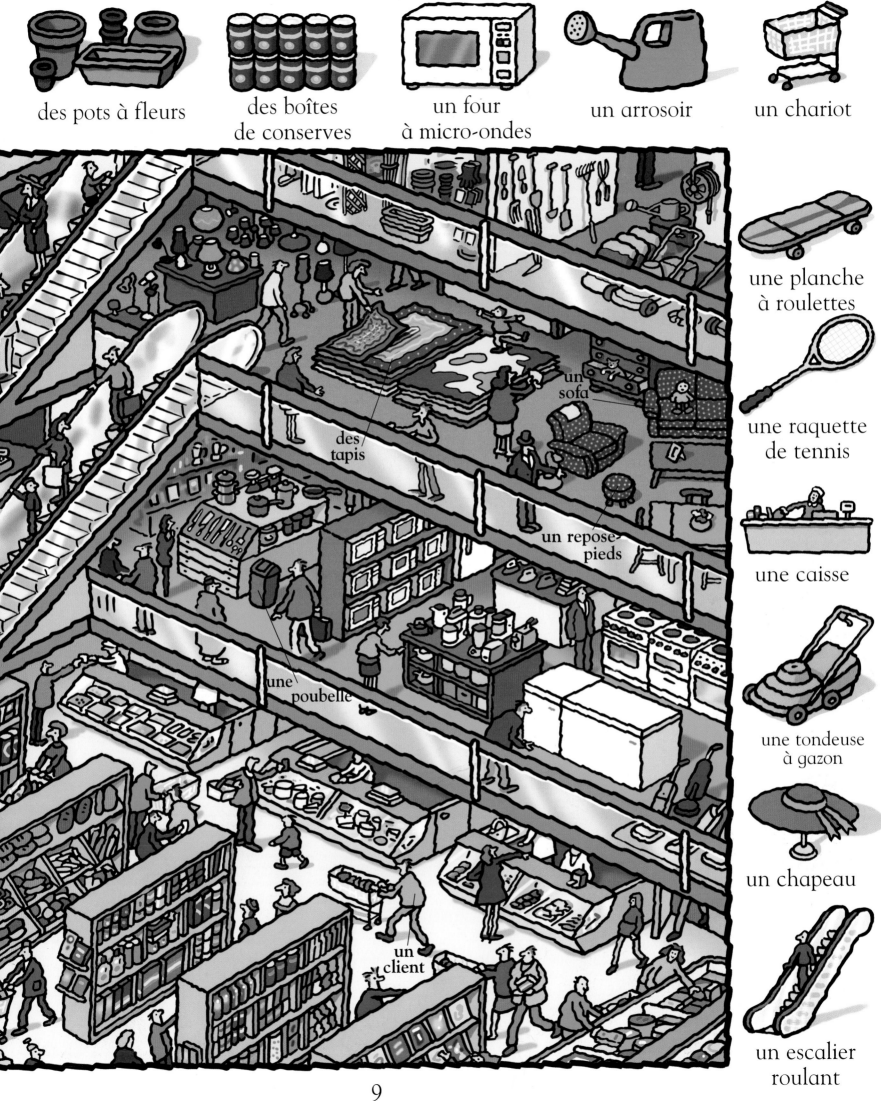

une planche
à roulettes

une raquette
de tennis

un sofa

des
tapis

un repose-
pieds

une caisse

une poubelle

un client

une tondeuse
à gazon

un chapeau

un escalier
roulant

Au travail

des feuilles de papier

un classeur

une dentiste

un balai

une perforatrice

un téléphone

un agent de sécurité

le toit

une fenêtre

un store

une plante

un miroir

un tabouret

une corbeille à papiers

une machine à café

une bibliothécaire

un facteur

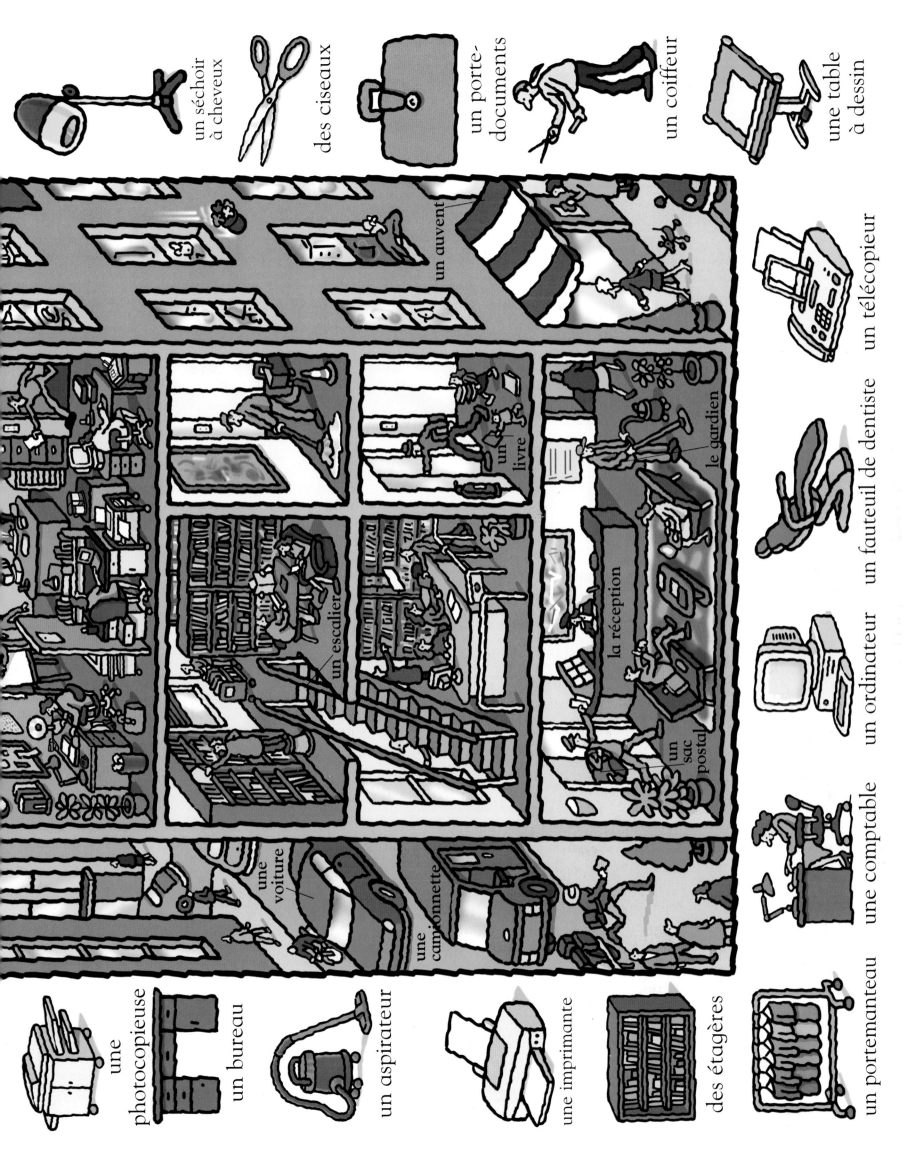

un séchoir
à cheveux

des ciseaux

un porte-
documents

un coiffeur

une table
à dessin

un auvent

un livre

un escalier

la réception

le gardien

un sac
postal

une voiture

une camionnette

un télécopieur

un fauteuil de dentiste

un ordinateur

une comptable

une
photocopieuse

un bureau

un aspirateur

une imprimante

des étagères

un portemanteau

L'hôtel

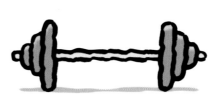
un haltère

une piscine

un chef cuisinier

une statue

une plante

un serveur

un ascenseur

un téléviseur

un lavabo

une baignoire

un lit

des pantoufles

l'eau

des lunettes de natation

une bouée

un sofa

un fauteuil

une tasse à thé

un tapis

un plongeoir

des coussins

un comptoir
de réception

des revues

une table
à desserts

une lampe

un groom

un tableau

un vélo
d'exercice

un menu

une table

23
un
avertisseur
d'incendie

une table
roulante

une
cloche

un rideau

une
chaise

une porte tournante

un client

des
valises

des fleurs

Urgence!

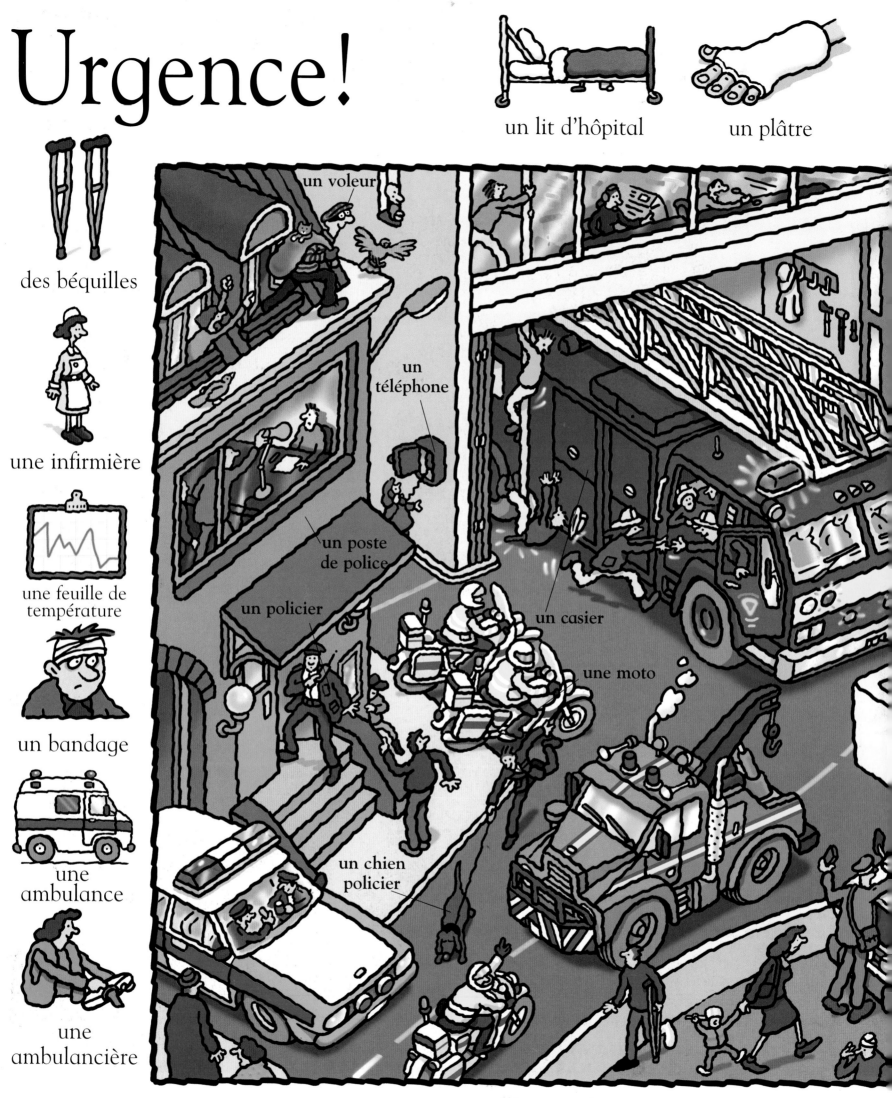

des béquilles

une infirmière

une feuille de température

un bandage

une ambulance

une ambulancière

un lit d'hôpital

un plâtre

un voleur

un téléphone

un poste de police

un policier

un casier

une moto

un chien policier

une voiture de police

un stéthoscope

un camion de pompiers

un casque

une civière

un incendie

la sirène

un scanner

un cubicule

une radiographie

un lit d'hôpital

un berceau

le gyrophare

des fleurs

un magasin

une salle d'attente

un yo-yo

un fauteuil roulant

un médicament

une docteure

un mât de descente

un pompier

un malade

À la maison

un tapis

un gant isolant

une boîte à jouets

une commode

une casserole

une brosse à récurer

un lavabo

une chaîne haute-fidélité

une antenne

la terrasse

l'abat-jour

un interrupteur

une douche

une serviette

un tapis de bain

une lampe de chevet

des

une affiche

une cuisinière

une tasse

un réfrigérateur

un évier

des assiettes

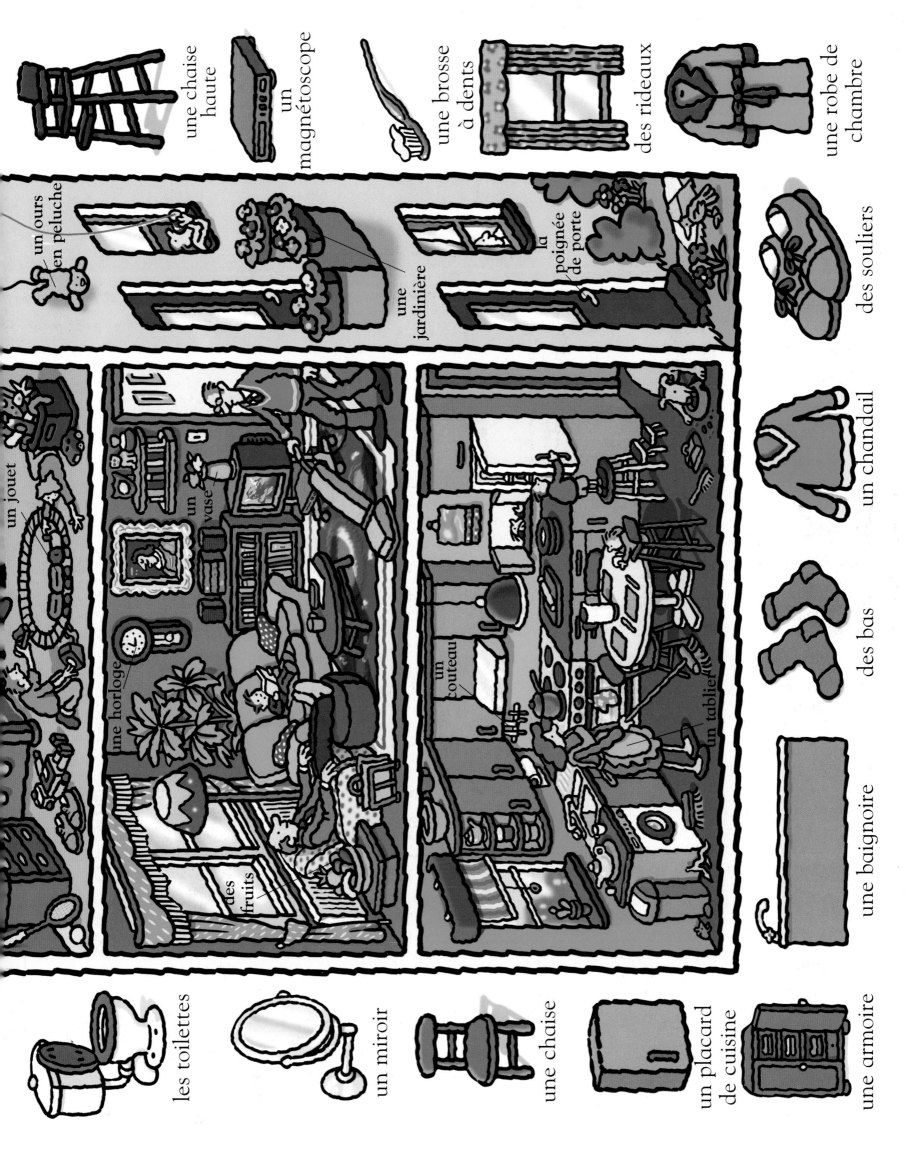

une chaise haute

un magnétoscope

une brosse à dents

des rideaux

une robe de chambre

un ours en peluche

une jardinière

la poignée de porte

des souliers

un jouet

un vase

une horloge

des fruits

un couteau

un tablier

un chandail

des bas

une baignoire

les toilettes

un miroir

une chaise

un placard de cuisine

une armoire

Le chantier

la chargeuse-pelleteuse · une échelle · une pioche

le câble

un casque de sécurité

une bêche

une bétonnière

des tuiles

un tuyau

un géomètre

le bureau de chantier

un conteneur

des marches

un contremaître

une rampe d'accès

une bétonnière

une génératrice

une benne basculante

la cabin

un rouleau compresseur

un crochet

un vérin

un garde-boue

une allée

du gravier

du ciment

un marteau

un mur

un niveau

une scie

une perceuse

18

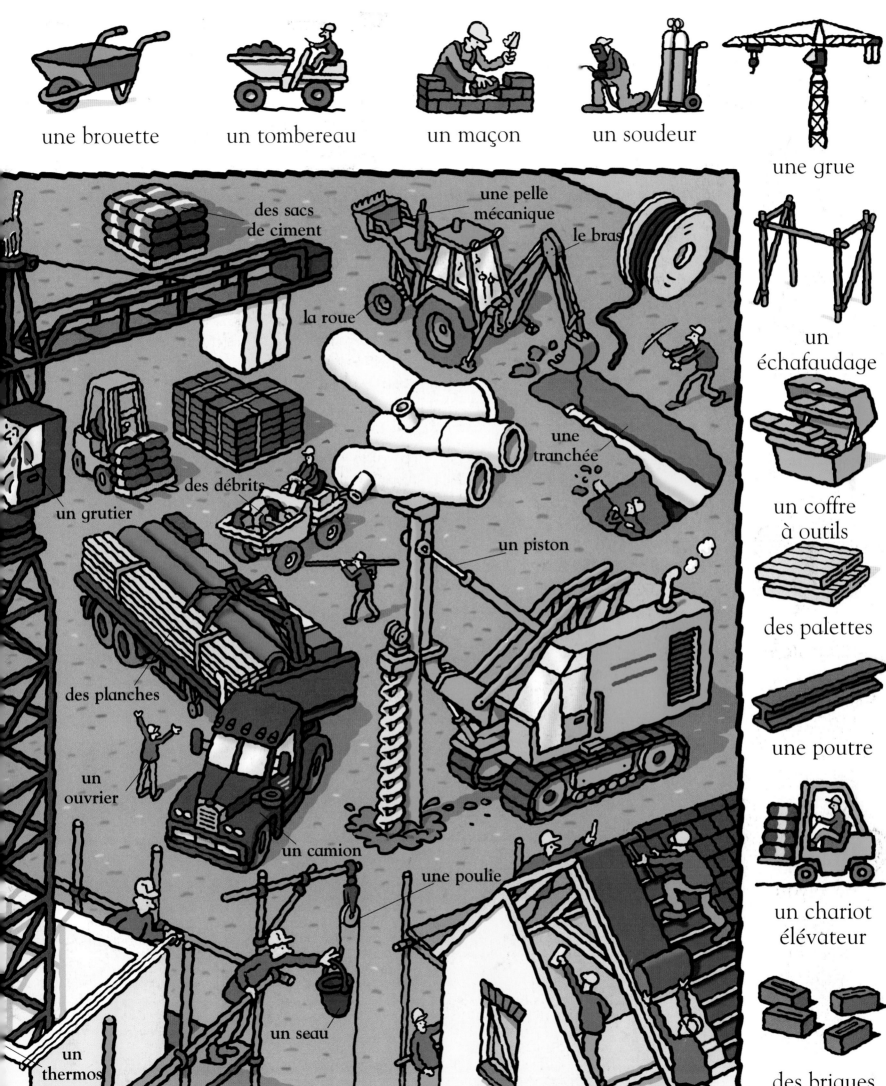

une brouette

un tombereau

un maçon

un soudeur

une grue

un échafaudage

un coffre
à outils

des palettes

une poutre

un chariot
élévateur

des briques

des sacs
de ciment

une pelle
mécanique

le bras

la roue

une tranchée

un grutier

des débrits

un piston

des planches

un ouvrier

un camion

une poulie

un seau

un thermos

19

La gare

un micro

le bureau des objets
perdus

un sac à dos

un
contrôleur

une horloge

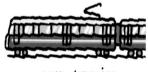

un train

un
distributeur

des colis

un passager

un wagon

une
cabine de
conduite

un
avertisse
sonore

la
cheminée

un quai

le charbon

un fil
de contact

la porte

un porteur

des sacs
postaux

une
passerelle

la
barriè

une
échelle

une
remorque

20

 le conducteur de train

 des feux de signalisation

 un butoir

 le tableau des horaires

 une locomotive à vapeur

 un haut-parleur

 un escalier

 une voie ferrée

 un chariot à bagages

 le chef de train

des guichets

 un banc

des marchandises

le mécanicien

un café

un kiosque à journaux

un balai mécanique

Au parc zoologique

un manège

un paon

des ballons

un pélican

le gardien
de parc

un crocodile

un zèbre

l'aile

le lac

un poisson

une clôture

un arbre

un bison

un bœuf

une barrière

un serpent

une trompe

un éléphant

une antilope

la queue

un kangourou

un lama

la bosse

une jeep

les bois
du cerf

un chameau

un faon

un renard

deux
sangliers

un gorille

un ours   un camion de brousse   un lion   un hippopotame   un tigre

la corne du rhinocéros

un léopard

la grande roue

le pont

un tapir

le bec

les montagnes russes

une girafe

un flamant rose

un perroquet

une autruche

un rhinocéros

un singe

La ferme

une moissonneuse-batteuse

une grange

une poule

de la paille

un fermier

un verger

une oie

une barrière

un cheval

un ruisseau

un silo

un épandeur à fumier

du maïs

le grenier à foin

un champ

le tube de déchargement

deux barils

le grain

une fourche

le poulailler

un épandeur

la selle

la barre de coupe

le blé

une clôture

un fourgon à chevaux

un seau

un abreuvoir

une remorque

un chien de berger

une écurie

un mouton

le tuyau d'échappement

la cheminée

un pulvérisateur

des arbres fruitiers

le toit

la maison de ferme

un canard

la niche

les volets

des canetons

la remise

un tracteur

la porte

une mare

un chevreau

une vache

un cochonnet

une haie

le chapeau

une chèvre

la porcherie

un véhicule tout terrain

le pneu

un cochon

25

À la mer

un pont

une montagne

un parasol

deux bouées

une étoile
de mer

des fleurs

un seau et
une pelle

une falaise

une feuille

une toile
d'araignée

un cerf-
volant

la neige

un nid

une
araignée

un tracteur

la ville

un drape

un escargot

une bombe

un
arbre

un cavalier

des
rênes

un cheval

la rivière

de la
boue

une
bouée

un papillon

un buisson

une
serviette

une
radio

de l'herbe

26

un chapeau de soleil

un quai

des vagues

de la crème solaire

des lunettes de soleil

le phare

le soleil

un deltaplane

un panier à pique-nique

un traversier

une chaise longue

un hors-bord

un voilier

une planche à voile

un kayak

un sauveteur

une canne à pêche

le filet

des rochers

un tuba

le surfeur

un château de sable

un cygne

un matelas pneumatique

une planche de surf

une méduse

des randonneurs

un crabe

une bouée

un ballon

un galet

une plage de sable

un sentier

27

Le port

un yatch

un remorqueur

un portique
de
chargement

un aéroglisseur

des poissons

un hydroptère

une moto marine

un phare

une voie
ferrée

l'ancre

le capitaine
du port

un hublot

la barrière
des douanes

28

une locomotive

un cargo

un traversier

un sous-marin

un canot pneumatique

une balise

un chalutier

un crabe

un bateau de course

une mouette

un semi-remorque

un voilier

un phoque

une hélice

la jetée

une voile

la cheminée

un entrepôt

une enseigne

des canots de sauvetage

un mât

un marché de poissons

une canne à pêche

le filet de pêche

une bouée de sauvetage

29

À toi de jouer!

Cherche dans le livre le nombre d'illustrations correspondant au chiffre indiqué.

1 manège

2 trains

3 tracteurs

4 girafes

5 poules

6 flamants roses

7 vaches

8 chariots

Combien d'avions y a-t-il dans l'aéroport? (page 4)

Combien de casques de sécurité y a-t-il dans le chantier? (page 18)

Combien de voitures y a-t-il dans la rue? (page 6)

Peux-tu trouver ces personnages dans le livre ?

le fermier

la dentiste

le serveur

la comptable

la bibliothécaire

le maçon

l'agent de sécurité

Retrouve, grâce à leurs couleurs, ces engins qui roulent dans les illustrations du livre.

Rouge

la moissonneuse-batteuse

la bicyclette

Bleu

l'hydroptère

le camion-citerne

le camion de pompiers

le camion de brousse

l'hélicoptère

le sous-marin

Jaune

le tombereau

le fourgon de restauration

Vert

la chargeuse-pelleteuse

la locomotive à vapeur

l'autobus

le gros porteur

le chariot élévateur

le monorail

30

Index